EDICT DV ROY,

PORTANT CREATION

de Cent mil liures de rente ſur les Gabelles de Lyonnois, outre les 34360. liures cy-deuant creées. Et creation de trois Receueurs Generaux & Payeurs deſdites rentes, Receueurs des Conſignations, depoſitaires des debets de quittances & Greffiers des Immatricules: Et trois Côtrolleurs generaux, auec les charges de Commis y jointes.

Verifié en la Cour des Aydes le quatorziéme Mars mil ſix cens trente-ſix.

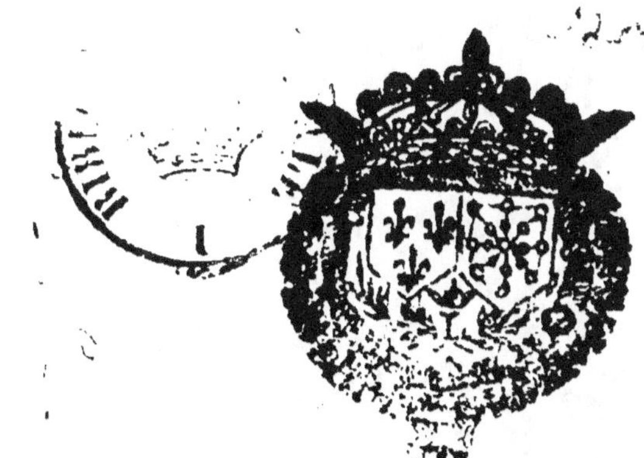

A PARIS,

Par P. METTAYER. A. ESTIENE, & P. ROCOLET, Imprimeurs ordinaires du Roy.

M. DC. XXXVI.

Auec Priuilege de ſa Majeſté.

LOVIS par la grace de Dieu Roy de France & de Nauarre, A tous presens & à venir, Salut. Chacun sçait les grandes despences que nous auons esté contraint supporter depuis nostre aduenemét à la Couronne, pour maintenir nostre authorité & dissiper les factions des ennemis de cest Estat: Et comme pour y satisfaire, nous auons de temps en temps fait plusieurs allienations de nos domaines & reuenus; nous auions toujours esperé, que ces despéces & les causes d'icelles, cesseroient: & que nos ennemis lassez de la prosperité de nos Armes, quitteroient leurs pernicieux desseins. Mais lors que nous esperions vne bonne & asseurée paix, nos voisins Estrangers, jaloux de nostre gloire, nous ont fomenté de nouueaux sujets, qui nous ont obligé, à nostre grand regret, à la continuation de la guerre, & à l'entretenement de diuerses armées que nous auons mises sus, tant pres de nos places frontieres que hors nostre Royaume, pour le garentir de leurs entreprises & inuasions.

A ij

Pour satisfaire à la solde & payement desl
quelles armées, nous n'auons point trouue
de moyens plus doux & moins à charge à
nos sujets ny à nos finances, que d'allien er
quelques rentes sur l'Hostel de nostre Vil-
de Lyon, aux habitans de ladite ville & autres nos subjets, qui de gré à gré les voudront acquerir, à prendre sur les deniers
de nostre Ferme des Gabelles de Lyonnois, ditte la part du Royaume, ainsi qu'il
a esté fait sur la Ferme des Gabelles de
France en nostre ville de Paris. A CES
CAVSES, Sçauoir faisons, Qu'apres auoir
mis ceste affaire en deliberation en nostre
Conseil, où estoient aucuns Princes de nostre sang, autres Princes Officiers de nostre Couronne, & autres grands & nota-
bles personnages: DE L'ADVIS D'ICELVY,
& de nostre propre mouuement, pleine
puissance& & authorité Royale, Nous
auons par le present Edict perpetuel &
irreuocable; dit statué & ordonné, disons
statuons& ordonnons Que par personnes
deuëment qualifiées que nous cômettrôs,
il sera vendu & alliené aux Preuost des
Marchands & Escheuins de nostre ville de
Lyon, iusqu'à la somme de cent mil liures

de rente annuelle & perpetuelle, à icelle
auoir & prendre fur les deniers de nos Gabelles & Greniers à Sel dependans de la
Ferme des Gabelles de Lyonnois, ditte la
part du Royaume, outre & par deffus
trente quatre mil trois cens foixante liures de rente par nous cy-deuant crées fur
lefdites Gabelles par noftre Edict du mois
de Septembre dernier. Lefquels deniers
de nos Gabelles, nous auons dés à prefent
declarez & declarons, fpecialement & re-
ellement affectez, obligez & hypothequez
au payement & continuation defdites
rentes. Defquels cent mil liures de rente,
nous voulons & entendons les conftitu-
tions particulieres eftre faites par les Preuoft des Marchands & Efcheuins de ladite ville de Lyon, aux particuliers habitans
d'icelle & autres nos fubiets, qui volon-
tairement les voudront acquerir. Pour
defdites rentes jouïr par les acqueréurs
d'icelles, leurs hoirs, fucceffeurs & ayans
caufe, pleinement & paifiblement côme
de leur propre chofe, vray & loyal acqueft,
en vertu des Contracts de conftitution
qui leur en feront faits & paffez par lefdits
Preuoft des Marchands & Efcheuins de

noſtre ville de Lyon : Et en eſtre doreſna-
uant payez par chacun an, de quartier en
quartier, tout ainſi & en la meſme forme
& maniere que ſe payent les nouuelles
rentes conſtituées ſur noſtre Hoſtel de
ville de Paris, aſſignées ſur la Ferme generale des Gabelles de France, en vertu des
quittances deſdits acquereurs, que nous
voulons eſtre paſſees & alloüées en la deſpenſe des Comptes de ceux qui en feront
le payement, ſans difficulté. Leſquelles
rentes ne pourront eſtre retranchées ny
moderées pour quelque cauſe & occa-
ſion que ce ſoit, ny les acquereurs d'i-
celles depoſſedez, ſinon en les rembour-
ſant actuellement comptãt à vn ſeul payement, des ſommes entieres contenuës eſ-
dits Contracts, enſemble des arrerages
qui leur en ſeront deuz lors dudit rachapt,
frais & loyaux couſts. Leſquels Contracts,
nous auons dés à preſent validez & autho-
riſez, validons & authoriſons par ces pre-
ſentes, comme s'ils eſtoient faits & paſſez
en noſtre Conſeil. Pour faire la recepte &
payement deſquelles rentes, Nous auons
par ledit preſent Edict, creé & erigé en tiltre d'offices formez & hereditaires, Trois

nos Conseillers Receueurs generaux &
Payeurs audit Hostel de ville de Lyon,
desdits Cent trente quatre mil trois cens
soixante liures de rente , & autres qui seront constituées à l'aduenir sur lesdites
Gabelles, Receueurs des Consignations,
depositaires des deniers procedans des
debets de quittances desdites rentes, &
Greffiers des immatricules, descharges de
quittances, registrement de saisies, Arrests
& main-leuees d'icelles, y joints & vnis:
sans que pour raison des enregistremens
& immatricules, il leur soit permis de pre-
dre aucune chose à peine de concussion :
Et trois nos Conseillers Controlleurs generaux hereditaires desdites rentes, auec
les charges de Commis aussi y iointes &
vnies. Pour estre dés à present par nous
pourueu ausdits Offices , de personnes
capables, & cy apres , sur la demission
des pourueus d'iceux, leurs vefues & heritiers : Pour par lesdits pourueus , exercer lesdits Offices triennallement & en
jouïr hereditairement, ensemble leurs successeurs & ayans cause : aux gages, Sçauoir lesdits Receueurs Payeurs de trois
mil liures chacun par an : & lesdits Con-

trolleurs & Commis y joints, de mil liures
auſſi chacun par an : & aux exẽptions des
Aydes, Tailles & autres ſubſides : & meſmes honneurs, authoritez, pouuoir, fon-
ctions & priuileges, attribuez & dõt iouïſ-
ſent les Receueurs generaux & Payeurs des
rentes cy-deuant conſtituées audit Hoſtel
de ville de Paris, & Cõtrolleurs generaux
d'icelles : Sans que leſdits Offices puiſſent
eſtre cenſez & reputez domaniaux, ny ſu-
iets à reuente, ſuppreſſiõ ou rẽbourſement:
ains ſur la ſimple demiſſion deſdits pourueus, leurs vefues & heritiers, il y ſera par
nous pourueu, ſans payer autre finance
que le droict de marc d'or. Les pourueus
deſquels Offices de Receueurs Payeurs &
leurs ſucceſſeurs, nous auons deſchargez
& diſpenſez de bailler caution & certifica-
teurs pour leſdits Offices, attendu l'here-
dité d'iceux, à la charge quils demeu-
reront ſpecialement affectez & obligez à
la ſeureté & payement des deniers de leur
maniement. Accordons auſdits Receueurs & cõtrolleurs, les meſmes décharges
& facultez que nous auons accordées aux
Receueurs Payeurs & Controlleurs generaux des rentes audit Hoſtel de ville de
Paris

Paris, par noſtre Edict du mois de Ianuier
1634. ſans aucunes excepter ny reſeruer, en-
cores que le tout ne ſoit cy par le menu ſpe-
cifié & declaré. Par les mains deſquels
Receueurs Payeurs preſentement creez,
chacun en ſon eſgard, ou de Maiſtre Pier-
re Romanet par nous commis , en at-
tendant la prouiſion d'iceux ; les acquereurs receuront les rentes qui leur ſeront
conſtituées par leſdits Preuoſt des Marchands & Eſcheuins de la ville de Lyon en
l'Hoſtel de ladite ville, aux termes ſuſdits,
à commencer du iour & datte des conſtitutions particulieres, qui en ſeront faites
ſur les regiſtres deſdites conſtitutions , qui
ſeront pour ce baillez par leſdits Preuoſt
des Marchãs & Eſcheuins, ſuiuant l'ordre
preſcrit & accouſtumé en noſtredite ville
de Paris. Et à cet effect , le fonds deſdites
rẽtes ſera employé en deſpenſe és eſtats de
noſtredite ferme des Gabelles de Lyonnois de la preſente année & ſuiuantes : Et
les Fermiers d'icelles contraints par les
voyes accouſtumées pour nos deniers &
affaires, d'en faire le payement par chacun
quartier auſdits Receueurs Payeurs, chacun en l'année de leur exercice, ou audit

Commis au payement d'icelle, sous leurs escrouës & contraintes. Les acquereurs desquelles rentes, payeront en deniers comptans lors desdites constitutiõs, le prix principal d'icelles, à la raison du denier dix-huict. Pour les deniers en prouenans, estre receus par ledit Romanet, & par luy payez és mains du Tresorier de nostre Espargne, pour estre par luy employez ainsi qu'il luy sera par nous ordonné. Ausquels Receueurs Payeurs sera fait fonds de leursdits gages & de ceux desdits Controlleurs & leurs Commis y ioints, ensemble des espices, , frais, façon & reddition de compte desdits Receueurs Payeurs, tant pour la presente année que les suiuantes, outre & par dessus lesdites rentes, & des espices, frais, façon & reddition de compte desdites constitutions. ATTRIBVONS à chacun desdits Receueurs Payeurs, la somme de quinze cens liures en l'année d'exercice seulement, pour les escritutes, façon & reddition de leurs comptes & doubles d'iceux. Lesquels comptes ils pourront faire & dresser ou faire dresser, ainsi que font les Receueurs Payeurs des rentes en nostredit Hostel de ville de

Paris, sans que les Procureurs de nostre Chambre des Comptes y puissent pretendre aucune chose, suiuant nostre Edict du mois de Mars mil six cens vingt quatre. SI DONNONS EN MANDEMENT à nos amez & feaux Conseillers les Gens de nos Comptes & Cour de nos Aydes à Paris, Presidés & Tresoriers generaux de Fräce à Lyon, & autres nos Officiers qu'il appartiendra, Que ces presentes ils facent lire, publier & regiftrer, garder & obseruer inuiolablement, sans permettre ou souffrir qu'il y soit contreuenu, cessans & faisans cesser tous troubles & empeschemësquelconques, nonobstant tous Edicts, Declarations, Arrests, & autres choses contraires, ausquelles & à la desrogatoire des desrogatoires, nous auons desrogé & desrogeons par ces presentes, à la copie desquelles deuëment collationnée par l'vn de nos amez & feaux Conseillers & Secretaires, voulons foy estre adioustée comme à l'original : CAR tel est nostre plaisir. Et afin que ce soit chose ferme & stable à tousiours, nous auons fait mettre nostre seel à cesdites presentes, sauf en autre chose nostre droict, & l'autruy en toutes. DON.

B ij

NE à Paris au mois de Ianuier, l'an de grace mil six cens trente-cinq, & de nostre re-
gne le vingt-cinquiéme. Signé, LOVIS.
Et plus bas, Par le Roy, DE LOMENIE.
Et à costé, VISA. Et seellées sur lacs de soye
rouge & verte, du grand seau de cire verte. Et encor est écrit:

*Registré en la Cour des Aydes, Ouy le Pro-
cureur General du Roy, pour estre executées se-
lon leur forme & teneur, A la charge que les anciennes rentes constituées sur les Gabelles, ne
pourront estre alterées ny diminuées pour quelque cause & occasion que ce soit, suyuant l'Ar-
rest du iourd'huy, A Paris le quatorziéme iour
de Mars mil six cens trente-six.*

Signé,   *BOVCHER.*

EXTRAICT DES REGI-
ſtres de la Cour des Aydes.

Eᴠ par la Cour les Lettres patentes du Roy, données à Paris au mois de Ianuier mil ſix cens trente-cinq, ſignées, Loᴠɪs, & plus bas, par le Roy, Delomeɴɪe, & ſcel-lées de cire verte ſur lacs de ſoye rouge & verte , Par leſquelles ſa Maieſté ſtatue & ordonne, que par perſonnes qu'elle commettra, il ſoit alиené aux Preuoſt des Marchans & Eſcheuins de la Ville de Lyon, la ſomme de Cent mil liures de rente annuelle & perpetuelle, à l'auoir & prendre ſur les deniers de ſes Gabelles & Greniers à ſel de la Ferme des Gabelles de Lyonnois, dite la part du Royaume, Outre & par deſſus les Trente quatre mil trois cens ſoixante liures de rente cy deuant creez par ſadite Maieſté ſur leſdites Gabelles par ſon Ediſt du mois de Septembre mil ſix cens trente-quatre, Voulans que les conſtitutions particulieres ſoient faites par leſdits Preuoſt des Mar-

ghans & Escheuins, à ceux qui les voudrõt
acquerir, desquels & leurs hoirs, successeurs & ayans cause en iouyront en la mes-
me forme que les acquereurs de rentes constituées sur l'Hostel de la Ville de Paris, assi-
gnees sur la Ferme generale des Gabelles
de France. Et pour faire la recepte & payement, sadite Maiesté crée & erige par ledit
Edict en tiltre d'offices formez & hereditaires, Trois ses Conseillers Receueurs generaux & payeurs à l'Hostel de ladite Ville de
Lion desdits Cent trente quatre mil trois
cens soixante liures de rente, & autres qui
seront à l'aduenir constituées sur lesdites
Gabelles & autres receptes y ioinctes & v-
nies: Et trois ses Conseillers Controlleurs
generaux hereditaires desdites rentes, auec
les charges de Commis, aussi y ioinctes &
vnies, Pour par les pourueus desdits Offices exercer triennalement & en iouyr hereditairement, ensemble leurs successeurs &
ayans cause, aux gages, droicts & charges
amplement declarez & specifiez par ledit
Edict, addressant à ladite Cour pour le veri-
fier & registrer. Conclusions du Procureur
General du Roy, & tout consideré: LA
COVR A ordonné & ordõne, que lesdites

Lettres en forme d'Edict, feront regiftrée
au Greffe d'icelle, pour eftre executées fe-
lon leur forme & teneur, A la charge que
les anciennes rentes conftituées fur les Gabelles, ne pourront eftre alterées ny diminuées pour quelque caufe & occafion que
ce foit. PRONONCE le quatorziéme iour
de Mars mil fix cens trente fix.

Signé, BOVCHER